DORIUM

Die Entdeckung des 7. Kontinents

Bibliografische Information der Deutschen Nationalbibliothek

Die Deutsche Nationalbibliothek verzeichnet diese Publikation in der Deutschen Nationalbibliografie; detaillierte bibliografische Daten sind im Internet über http://dnb.dnb.de abrufbar.

»DORIUM – Die Entdeckung des 7. Kontinents«

© 2018 Thomas F. Gehbauer

Darmstadt 2018

Herstellung und Verlag

BoD – Books on Demand, Norderstedt

ISBN:9 783746 074351

Vorwort des Herausgebers

Als mir mein Freund und Kollege, Hajir Tahassori, vor ein paar Monaten die Idee, die dem auf den nachfolgenden Seiten vorgestellten Konzept zugrunde liegt, vorgestellt hatte, muss ich gestehen, dass ich zu anfangs skeptisch war. Nach vielen Gesprächen, in denen mir Herr Tahassori mit mir seine Gedanken geteilt hat, wuchs in mir die Überzeugung, dass ein zusätzliches Wirtschaftssystem, welches auf nachhaltiger, sozialer Wertschöpfung basiert ebenso fundamental wie notwendig war. Die Fragen die sich mir stellten lauteten: Ist unsere Gesellschaft bereit für solch visionäre Idee? Gibt es neben den bestehenden, eingefahrenen Wirtschaftssystemen Raum für ein Modell, welches den Herausforderungen, die in ökologischer sowie ökonomischer Hinsicht, unaufhaltsam auf uns zukommen, gerecht wird? Sind soziale Verantwortung und wirtschaftlicher Wachstum möglich und miteinander vereinbar?

Nach gründlichem Studium des Konzeptes können die Antworten auf diese wichtigen Fragen guten Gewissens mit ja beantwortet werden. Mit DORIUM wird ein sozial-ökonomisches Eco-System ins Leben gerufen, welches über das Potential verfügt, eine neue erfolgreiche und nachhaltige Ära sozialen und wirtschaftlichen Denkens und Handelns, zu begründen. Das sozial-ökonomische Kapital wird der Motor dieses neuen Wirtschaftssystems sein. Der Fürsorgecharakter der sozialen Marktwirtschaft, ist auf Gewinn und anschließender Umverteilung angewiesen. Hingegen ist die Zielsetzung von

Dorium nachhaltiges Wachstum zu erzeugen, an dem alle partizipieren können.

Jede technische Neuerung oder bahnbrechende Erfindung, sei es das Mobiltelefon oder das Internet, wurden anfangs kritisch betrachtet. Diese Dinge die wir uns heute aus unserem Alltag nicht mehr (oder nur sehr schwer) wegdenken können, waren noch vor 25 Jahren, alles andere als selbstverständlich. Ebenso wird das neue Wirtschaftsmodell in wenigen Jahren, das von allen partizipierenden anerkannte sein. Meiner Meinung nach können weder die soziale Marktwirtschaft noch Planwirtschaft oder der Neoliberalismus, auf die Herausforderungen der Zukunft, zufriedenstellende Antworten geben.

Wir alle tragen eine gemeinsame Verantwortung, eine Verantwortung für die heutige wie auch für zukünftige Generationen. Wir werden uns an unseren Taten und an unserem Handeln ebenso messen lassen müssen, wie an den negativen Folgen von Problemen die wir besseren Wissens unterlassen haben anzugehen. Die logische Konsequenz kann daher nur bedeuten, dass wir unser Handeln ändern müssen, wenn wir nicht immer auf dieselben, unbefriedigenden Resultate stoßen wollen.

Ich hatte in meinem Leben bisher die Freude viele interessante Persönlichkeiten kennenlernen zu dürfen. Ein solch visionärer Charakter wie Hajir Tahassori, nimmt in meinem Freundeskreis allerdings einen besonderen Platz ein. Es vergeht kaum ein Tag oder Meeting, bei dem nicht über die Folgen unseres gesellschaftlichen Handels und mit welchen Mitteln man unsere Welt zu einem positiveren Ort machen könnte, geredet wird.

Mein besonderer Dank geht an Andreas Lang, der über die Gabe verfügt Hajirs Gedanken mit stoischer Ruhe zu kanalisieren und an Dr. Hesam Ganjavan für seinen wertvollen Beitrag den er zu diesem Konzept beigesteuert hat. Er ist der Namensgeber für DORIUM. Der Name leitet sich ab von der DOR-Stiftung und dem Wort Universum. Die DOR-Stiftung aus Schaan in Liechtenstein ist seit 2007 aktiv. Die Stiftung unterstützt social Strat-ups und bindet größere Organisationen bei Hilfsprojekten im Middle-East ein um einen positiven Output zu gewährleisten.
Ich bin dankbar ein Teil dieser besonderen Gemeinschaft zu sein und meinen Beitrag zu diesem aufregenden Projekt beitragen zu können.

Thomas Gehbauer
Herausgeber

Darmstadt im Februar 2018

Gliederung

Executive Summary

DORIUM ist ein sozial-ökonomisches Eco-System, in dem eine Online-Community über die Finanzierung von nachhaltigen Projekten und die Belohnung von erreichter, nachhaltiger sozial-ökonomischer Wertschöpfung entscheidet. Finanzierung und Belohnung erfolgen durch Ausgabe und Prägung einer neuen Währung (SoBz), die das Wachstum des sozial-ökonomischen Wirtschaftssystems aus sich heraus ermöglicht.

Das zusätzliche Wirtschaftssystem, ein neues Werte-System, die Online-Community und die neue sozial-ökonomische Währung werden auf Basis der Blockchain-Technologie umgesetzt. Diese hat sich bereits in vielen Bereichen bewährt und internationale Verbreitung gefunden. Durch das Projekt sollen neue Elemente dieser Technologie entwickelt werden,

- ein multi-dimensionales Blockchain System
- der sog. Proof-of-Reference-Mechanismus und
- die sog. Verified-Smart-Contracts,

die Blockchain Technologie auch für andere Bereiche noch besser nutzbar machen.

Das neue Eco-System auf Blockchain-Basis schafft die Möglichkeit, nachhaltig Problemen wie dem der weltweiten Armut, der zunehmenden Umweltbelastung und der Vertreibung von Menschen aus ihrer Heimat entgegenzuwirken. Dabei werden neue und zusätzliche Ressourcen zur Verfolgung dieser Ziele zugänglich gemacht (neues Kapital und Hilfe aus der Community), das Wirtschaftssystem für alle Menschen geöffnet (sog. Access-as-a-Service-Ansatz) und Zentren entwickelt, in denen sozial-ökonomisches

Unternehmertum gefördert wird (sog. sozial-ökonomische Inkubatoren). Gleichzeitig besteht mit der neuen Währung SoBz erstmals eine Maßeinheit für sozial-ökonomische Wertschöpfung.

Aktuell werden jährlich etwa CHF 300 Milliarden weltweit für verschiedene Hilfsprojekte von verschiedenen Institutionen bereitgestellt. Ziel ist, in den kommenden 5 Jahren einen Gegenwert von zusätzlichen ca. CHF 50 Milliarden in der sozial-ökonomischen Wirtschaftswelt zu generieren und nachhaltigen Projekten zur Verfügung zu stellen. Gleichzeitig entstehen durch die zusätzlichen Investitionen neue Märkte und der Zugang zu neuen Ressourcen - deren Potential kommt der Entdeckung eines neuen, 7. Kontinents gleich.

DORIUM - Blockchain Power governs Social Economic Impact

"Probleme kann man niemals mit derselben Denkweise lösen, durch die sie entstanden sind."

Albert Einstein, Physiker

(1879 - 1955)

Einleitung

Mehr als 2 Milliarden Menschen leben heute in extremer Armut und müssen ihr Leben mit weniger als CHF 3.- pro Tag bestreiten. Weltweite Arbeitslosigkeit und fehlende Gleichberechtigung verschärfen die Situation zusätzlich.

Die globale Belastung der Umwelt nimmt weiterhin zu und zeigt seit Jahren massive, globale Auswirkungen. Umweltkatastrophen und mittelbare Auswirkungen der Umweltbelastung wie Dürren, verstärken die Armut in vielen Regionen weiter.

Armut führt zu Extremismus und lokalen Konflikten. Aktuell fliehen weltweit daher mehr als 65 Millionen Menschen aus ihrer Heimat, was neue humanitäre und soziale Probleme verursacht.

Ohne staatliche Stabilität in den betroffenen Regionen kann eine nachhaltige Entwicklungshilfe durch besser entwickelte Staaten nicht stattfinden. Hilfe bleibt punktuell und kämpft mit lokaler Korruption.

Privates Engagement und nichtstaatliche Organisationen begegnen häufig den gleichen Problemen. Sie müssen noch dazu fortlaufend neue Finanzierungen auftun und überzeugen, um ihre Arbeit leisten zu können. Die positive Auswirkung der Hilfe wird selten gemessen oder dokumentiert - dies erschwert die Überzeugung neuer Finanzpartner und führt zu zusätzlichem Aufwand in der Dokumentation, der dem Projekt zunächst nicht zugute kommt.

Unternehmen erkennen ihre gewachsene, soziale Verantwortung. Kunden und Mitarbeitern legen gesteigerten Wert auf das nachhaltige Arbeiten eines Unternehmens. Internationale Standards (z.B. ISO 29000), Initiativen (z.B. UN Global Compact) und Corporate Social Responsibility Aktivitäten sind Ansätze, um die nach Gewinnmaximierung strebenden Unternehmen für die Erreichung nachhaltiger, sozialer Ziele zu motivieren. Das Verfolgen nachhaltiger, sozialer Ziele wird zu einem wichtigen Instrument für Marketing und Mitarbeiter-Anwerbung.

Die Wirtschaftskraft der Weltwirtschaft wäre sicher zu einer erheblichen Reduzierung von Armut, Umweltbelastung und sozialer Benachteiligung in der Lage. Das der Wirtschaftskraft zugrundeliegende ökonomische Kapital (Produktionsmittel, Rohmaterial, Arbeitskräfte, Investitionskapital) muß jedoch von Unternehmen genutzt werden, um die eigene Marktposition zu festigen, Gewinne zu erzielen und die eigene, wirtschaftliche Bonität auszubauen, um zukunftsfähig und kosteneffizient Arbeitsplätze bieten zu können.

Die globalen Finanz- und Wirtschaftskrisen der vergangenen Jahrzehnte haben zudem gezeigt, dass dem aktuellen, globalen Wirtschaftssystem ein verläßliches Wertefundament fehlt. Einige wenige haben von überhitzen Finanzmärkten profitiert, viele andere haben dadurch später sehr viel oder alles verloren. Das globale Wirtschaftssystem ist weder stabil genug noch dafür ausgelegt, Probleme zu lösen. Im Zweifel wird es immer wieder zusätzliche Probleme schaffen. Jede Währung beruht aktuell ausschließlich auf dem Vertrauen in das sie ausgebende Finanzsystem (sog. Fiat Währungen, abgeleitet aus dem Lateinischen fiat lux - "es werde Licht"). Mit sinkendem Vertrauen in das Finanzsystem verlieren auch die betroffenen Fiat-Währungen an Wert.

Genossenschaften bilden einen weltweit sehr verbreiteten Ansatz, auf Basis von Mitgliedschaft und gemeinsamen Eigentum eine nachhaltige Wirtschaftsform zu etablieren. Die Genossenschaft ist das kollektive Streben nach Nachhaltigkeit auf einer demokratischen Basis. Genau diese Mitbestimmung verlangt jedoch eine Transparenz, die selten gewährleistet werden kann. Vielmehr können in genossenschaftlichen Strukturen Mißwirtschaft und Korruption wachsen, wenn sie sich nicht dem marktwirtschaftlichen Wettbewerb stellen müssen. Passen sie sich diesem jedoch zu sehr an, wird der genossenschaftliche Gedanke verwässert. Die Genossenschaften benötigen selbst stets neues Kapital und sind daher eher eine Gesellschaftsform als ein eigenes Wirtschaftssystem.

Seit vielen Jahren wird jedoch versucht, die Werkzeuge der gewinnorientierten Ökonomie für andere, nachhaltigere Zwecke zu nutzen. Bei einem sogenannten Social Business oder Impact Investment werden gezielt Unternehmen gefördert, die nachhaltige, soziale Zwecke verfolgen. Erhaltene Förderungen und Darlehen müssen zurückgezahlt werden, um sie neu investieren zu können. Entstehende Gewinne werden erneut investiert oder führen zumindest die Initiatoren der Social Startups aus ihrer Armut.

Erstmals bekannt geworden ist der Ansatz durch die Arbeit von Prof. Muhammad Yunus, der mit der von ihm gegründeten Grameen Bank Mikro-Kredite für arme Landbewohner vergeben hat. Über viele Jahre wurden mehr als USD 20 Milliarden von Investoren angeworben und in Mikro-Kredite und Social Business investiert. Im Jahr 2006 erhielt Prof. Yunus gemeinsam mit der Grameen Bank den Friedensnobelpreis. Heute leitet er mit seinem Team erfolgreich einen Impact Investment Fund und mehrere Forschungs-, Beratungs- und Hilfseinrichtungen in verschiedenen Ländern. Viele Projekte in verschiedenen Regionen konnten auf diese Weise unterstützt werden und haben die erhaltenen Kredite aus eigener Kraft zurückgezahlt (Rückzahlungsquote >95%).

Der Ansatz des Social Business oder Impact Investments hat jedoch ebenfalls zwei Limitierungen: Zusätzliche Projekte können nur durch zusätzliche Finanzmittel finanziert werden. Erst eine sehr hohe Zahl erfolgreicher Impact Investments würde ausreichend Rückläufe gewährleisten, um eine umfassende Lösung der eingangs geschilderten Probleme zu ermöglichen. Darüber hinaus müssen die einzelnen Projekte und Startups fortlaufend in technischen und kaufmännischen Fragen beratend betreut und unterstützt werden, um nachhaltig erfolgreich arbeiten zu können. Dies bedeutet einen Personalaufwand, den die Initiatoren von Impact Investment langfristig nicht leisten können und der den Nachfinanzierungsdruck verschärft.

Unterstellt man, dass der nachhaltige, soziale Ertrag eines Social Investments sich global betrachtet deutlich positiver und langfristiger bemerkbar macht, wie ein eher kurzfristiger, ökonomischer Gewinn, verwundert die Tatsache, dass die Steuerungsinstrumente der Weltwirtschaft ausschließlich auf letzteren abstellen und auch nur der ökonomische Gewinn als Ergebnis der wirtschaftlichen Wertschöpfung akzeptiert wird. Woran liegt das?

Der Gewinn eines Unternehmens wird betriebswirtschaftlich gemessen und dokumentiert. Die entstehende, wirtschaftliche Bonität eines Unternehmens und einer Volkwirtschaft führt zur Bereitstellung von neuem Geld in der jeweiligen Währung. Das neue Geld dient als Investitionskapital und führt zum Wachstum der Wirtschaft. Es besteht ein direkter Zusammenhang zwischen ökonomischem Kapital, ökonomischer Wertschöpfung, betriebswirtschaftlichen Gewinnen, wirtschaftlicher Bonität und der Geldmenge, die eine Volkswirtschaft in Umlauf bringt. Die Mechanismen der Marktwirtschaft regeln den Geldwert und die Preisfindung - die Zuordnung einer Menge Geld zu einer Menge Ware oder Leistung.

Damit hingegen Social Business durch Impact Investment finanziert werden kann, muss zunächst ein Paradigmen-Wechsel vollzogen werden: das über ökonomisches Handeln aus Gewinnen erzielte Kapital muss durch Überzeugungsarbeit für die Verfolgung nachhaltiger, sozialer Ziele gewonnen werden. Jede Spende und jedes Impact Investment muss im Ursprung zunächst erst einmal verdient worden sein. Deutlich erkennbar an dem Umstand, dass bei weltweiten Wirtschaftskrisen - wenn also in vielen Bereichen besonders viel Hilfe erforderlich wäre - die internationalen Hilfsleistungen zurückgehen.

Gleichzeitig ist das Fördern und Erreichen nachhaltiger, sozialer Ziele kein Wert, der im Brutto-Inlandsprodukt (BIP, Verkaufswert aller produzierten Waren und Dienstleistungen) eines Wirtschaftsraums abgebildet wird. Bei der Berechnung des BIP werden Social Business, Impact Investments, ehrenamtliche Tätigkeiten, Hilfsleistungen, CSR Aktivitäten und der Verzicht auf Gewinne bei Fair-Trade Geschäften unberücksichtigt gelassen. Die weltweit übliche Kenngröße für wirtschaftliche Wertschöpfung ignoriert mindestens ein Drittel des vorhandenen Potentials. Das Model des BIP ist daher seit vielen Jahren in der Kritik. Es wurden verschiedene Versuche unternommen, den Maßstab für andere Kriterien zu öffnen (z.B. das Modell eines Glücklichkeit-Index im Königreich Bhutan) und ihn zu verändern.

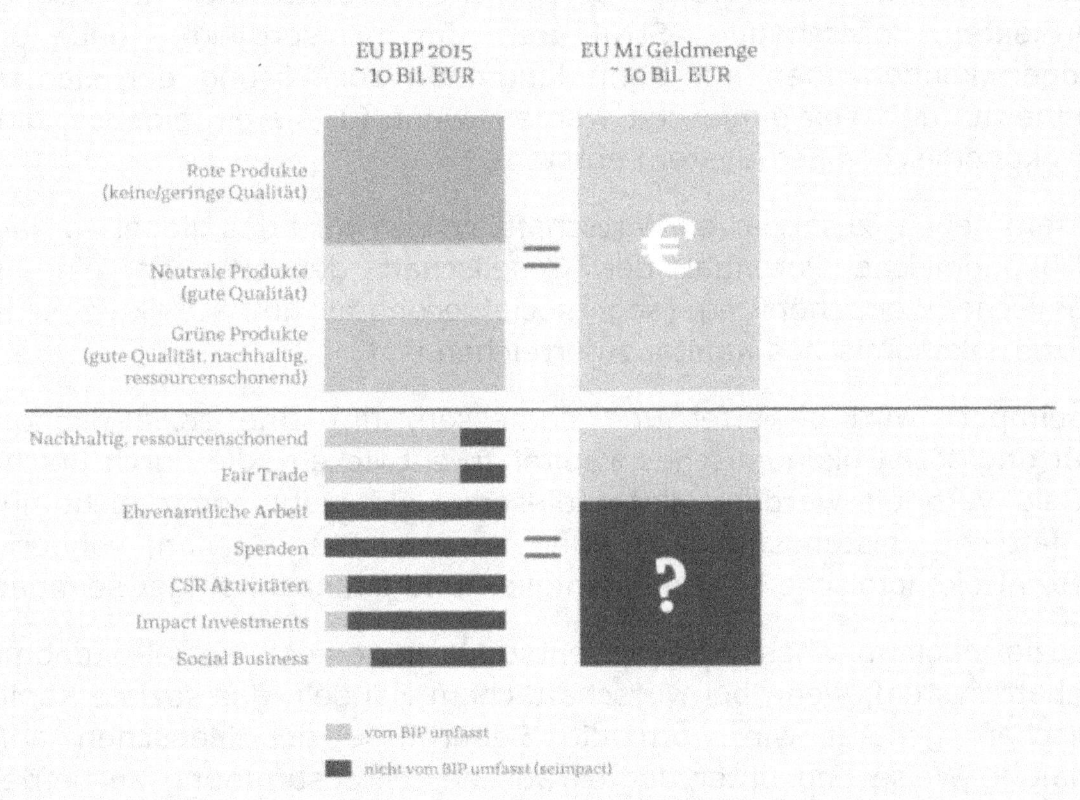

BRUTTOINLANDSPRODUKT (BIP)
EU BIP 2015
~ 10 Bil. EUR
EU M1 Geldmenge
~ 10 Bil. EUR
Rote Produkte
(keine/geringe Qualität)
Neutrale Produkte
(gute Qualität)
Grüne Produkte
(gute Qualität, nachhaltig,
ressourcenschonend)
=
€
Nachhaltig, ressourcenschonend
Fair Trade
Ehrenamtliche Arbeit
Spenden
CSR Aktivitäten
Impact Investments
Social Business
=
?
vom BIP umfasst
nicht vom BIP umfasst (seimpact)

Zwar ist in jeder Gesellschaft ein sogenanntes Soziales Kapital vorhanden (alle Ressourcen einer Gesellschaft, die für Veränderungen genutzt werden können), ohne nachhaltige, ökonomische Finanzierung kann dieses Kapital jedoch nicht zur nachhaltigen Lösung der eingangs geschilderten Probleme genutzt werden. Know-How, persönliche Arbeitskraft, Erfahrung mit Hilfsprojekten, bestehende Strukturen für Hilfsprojekte und privates Vermögen können eben nur dann langfristig zur Lösung der elementaren Probleme auf der Welt eingesetzt werden, wenn für sie ein eigenes, globales, sozial-ökonomisches Eco-System entsteht.

In diesem neuen, zusätzlichen Wirtschaftssystem wird das global vorhandene, sozial-ökonomische Potential der Gesellschaft genutzt, um eine sozial-ökonomische Wertschöpfung (sog. social economic impact, kurz seimpact) und sozial-ökonomisches Kapital zu erreichen.

Der seimpact wird bewertet und gemessen, um eine sozial-ökonomische Bonität und sozial-ökonomisches Kapital zu entwickeln, die durch Erschaffung von Geld verbrieft werden. Hinter diesem Geld steht somit nicht nur eine wirtschaftliche Leistungsfähigkeit oder ein erreichter Gewinn, sondern auch eine sozial-ökonomische Leistungsfähigkeit und ein nachhaltiger seimpact.

Ein sozial-ökonomisches Kapital entsteht in einem sozial-ökonomischen Wirtschaftssystem, wenn bei wirtschaftlichem Handeln das soziale Kapital der Gesellschaft genutzt wird, um die Bedürfnisse der Menschen auf eine nachhaltige Weise und unter demokratischer Mitbestimmung zu befriedigen, und dabei marktwirtschaftliche Korrekturen (z.B. Wettbewerb) und das individuelle Streben nach Entwicklung und Glück ermöglicht wird. Basis des sozial-ökonomischen Kapitals ist damit das Soziale Kapital. Erst seine Verwendung in einem eigenen, wirtschaftlichen Umfeld (sozial-ökonomisches

Wirtschaftssystem) macht es jedoch zugänglich, nutzbar und effizient zur Lösung von Problemen einsetzbar und ermöglicht gleichzeitig ein nachhaltiges Wirtschaftswachstum.

Während in der Sozialen Marktwirtschaft der Ausgleich zwischen wirtschaftlichen und sozialen Interessen durch eine Umverteilung von Gewinnen und ein gewinn-finanziertes Fürsorgemodell versucht wird, ist in einem sozial-ökonomischen Wirtschaftssystem bereits der zu erreichende Erfolg ein nachhaltiger und sozialer (seimpact).

Dieses Konzept dient dem Aufbau eines neuen, zusätzlichen Eco-Systems - eines sozial-ökonomischen Wirtschaftssystems. Da es sich bei den eingangs geschilderten Problemen um solche handelt, die sich weltweit auswirken, jeden Menschen betreffen und aus sich heraus immer größer werden, muß auch das zusätzliche Wirtschaftssystem dem Rechnung tragen. Es muß demokratisch, transparent und dezentral alle Beteiligten einbinden, die Nutzung des weltweiten sozial-ökonomischen Kapitals koordinieren und die Verbesserung einer schlechten Situation zum Maßstab für Bildung neuer Bonität und neuen sozial-ökonomischen Kapitals machen.

Für den Aufbau des neuen, zusätzlichen Eco-Systems soll in mehrfacher Hinsicht die sog. Blockchain-Technologie genutzt werden. Über eine solche, sozial-ökonomische Blockchain wird das weltweite sozial-ökonomische Kapital transparent, nutzbar und verfügbar. Es entsteht eine Community der Beteiligten, die Know-How, Erfahrungen und Hilfs-Strukturen global nutzbar macht; Erfolge, der sog. seimpact, werden gemessen, dokumentiert und weltweit einsehbar.

Gleichzeitig kann in der Blockchain für tatsächlich erreichten seimpact und für vorhandene, sozial-ökonomische Bonität ein eigenes Geld erzeugt werden, das dem sozial-ökonomischen Wirtschaftssystem ermöglicht, neuen seimpact und sozial-ökonomisches Wachstum aus sich heraus zu finanzieren. Dieses neue Geld kann durch jede sozial-ökonomische Wertschöpfung verdient werden und kann als sog. Kreditgeld bei entsprechender, sozial-ökonomischer Bonität generiert werden.

Die Währung, in der das sozial-ökonomische Geld ausgegeben wird, heißt in Anlehnung an das daraus entstehende Social Economic Business (Unternehmerisches Handeln mit dem Zweck, einen seimpact zu erreichen) schlicht SoBz. Jeder SoBz ist durch ein Stück Lösung, Hilfe und Verbesserung entstanden und geprägt. Sein Wert ist nicht abhängig von Wirtschaftskrisen und nur durch die Summe des in allen Menschen angelegten Sozialen Kapitals begrenzt.

Die Entwicklung der Gesellschaft, der Industrialisierung und des Wirtschaftssystems geht einher mit einer Anpassung der verwendeten Tauschmittel. Angefangen mit dem Tausch von Waren gegen Waren, folgten Münzen aus Edelmetall, Papiergeld auf Basis von Goldreserven, Papiergeld auf Basis von Wirtschaftskraft und schließlich virtuelle Assets als Tauschmittel (z.B. BITCOIN). SoBz sind ein virtuelles Tauschmittel auf Basis realen seimpacts.

Mit Hilfe von Blockchain-Technologie wird eine Online-Community gebildet, in der demokratisch über die Förderung von Projekten und Social Startups entschieden wird. Jeder Teilnehmer kann sein Know-How weltweit für Projekte zur Verfügung stellen und damit selbst SoBz verdienen. In der Community werden neue Projekte vorgestellt, erreichter seimpact gemessen, bewertet und unveränderbar dokumentiert.

Damit wird durch die Blockchain-Technologie ein zusätzliches Kapital für die Gesellschaft nutzbar gemacht und das Erreichen nachhaltiger Ziele in einem bisher undenkbaren Ausmaß ermöglicht. Während die Entdeckung neuer Produktionswege oder Märkte immer schon die Entwicklung der Industrialisierung beeinträchtigt hat, wird durch die Blockchain-Technologie ein komplettes, nachhaltiges Wirtschaftssystem der sozial-ökonomischen Wertschöpfung ermöglicht. Dessen Potential kommt der Entdeckung eines neuen, 7. Kontinents gleich - mit neuen Märkten und unentdeckten Ressourcen.

Auf den folgenden Seiten werden die Blockchain-Technologie, die darin eingebundenen SoBz, das neue, zusätzliche Wirtschaftssystem und die entstehende Online-Community dargestellt.

1) Blockchain-Technologie

Bei einer Blockchain werden zunächst Daten in einem Verzeichnis, dem sog. Block, gespeichert. Dabei enthält der nächste Block einen Code, der unverwechselbar den Inhalt des vorhergehenden Blocks zusammenfaßt (sog. Hash-Code). Darüber sind die beiden Blocks miteinander verbunden und es kann eine beliebig lange Kette, eine sog. Blockchain, gebildet werden. Die Inhalte älterer Blöcke können nun nicht mehr verändert werden, ohne dass der Code aller folgenden Blöcke falsch wird - der Hash-Code eines Blocks ändert sich mit der Veränderung der Daten und paßt damit nicht mehr zu dem Code, der im darauffolgenden Block hinterlegt wurde.

Die entstandene Blockchain, die auch als Ledger bezeichnet wird, wird nun auf einer beliebigen Anzahl von Rechnern (sog. Netzwerk-Knoten oder Nodes) gespeichert. Damit ist auch die nachträgliche Veränderung von Daten in den Blocks sowie die anschließende Veränderung aller folgenden Hash-Codes nahezu ausgeschlossen. Durch ein Abgleichen der gespeicherten Daten kann eine veränderte Blockchain leicht von den anderen Teilnehmern erkannt und korrigiert werden.

Sollen nun neue Blocks an die bereits verteilt gespeicherte Blockchain angefügt werden, muß ein Freigabe-Mechanismus zunächst die Korrektheit der Ausgangs-Blockchain prüfen, um dann den neuen Block durch den Code der Daten des letzten Blocks zu ergänzen. Damit ist der neue Block angehängt und kann durch alle Beteiligten in die bei ihnen gespeicherte Blockchain übernommen werden.

Für die Umsetzung des Freigabe-Mechanismus (auch Konsens-Mechanismus genannt) gibt es verschiedene Ansätze, die unterschiedliche Vor- und Nachteile bieten. Während beim sog. Proof-of-Work-Konzept (z.B. bei BITCOIN) einzelne Nutzer durch Aufwendung von Rechenleistung die Verifizierung eines neuen Blocks vornehmen können, wird dies beim Proof-of-Stake-Ansatz den Nutzern anvertraut, die nachweislich einen hohen Stand der jeweiligen Währung halten. Beide Ansätze bieten je nach Einsatzgebiet entscheidende Nachteile und wurden daher bereits erheblich verändert, verfeinert und sogar kombiniert.

Bei anderen Ansätzen werden Nodes dazu autorisiert, eingegangene Transaktionen zu sammeln und mit den Sammlungen anderer Knoten abzugleichen. In einem iterativen Prozeß werden die Transaktionen abgeglichen und bei Zustimmung durch eine steigende Prozentzahl aller Knoten schließlich freigegeben. Transaktionen, die diesen Prozentsatz an Zustimmung nicht erhalten haben, werden mit neuen Transaktionen erneut in den Abstimmungsprozeß eingestellt und eventuell dann freigegeben.

Die Bildung einer Blockchain kann zum Beispiel dafür verwendet werden, einen bestimmten Punktestand verschiedener Teilnehmer in einer Blockchain zu speichern und innerhalb des Benutzerkreises diese Punkte nachvollziehbar und transparent zu übertragen. Der jeweilige Punktestand wird verteilt bei allen Nutzern gespeichert und ist damit sehr sicher gegen Manipulation geschützt. Gleichzeitig erfolgt die Speicherung anonymisiert und unter Wahrung des Schutzes privater Daten.

Währungen, die auf einer solchen Blockchain beruhen (sog. Crypto-Währungen oder Crypto-Currencies), bieten somit den Austausch von Geld (sog. Coins) ohne Einbeziehung einer Bank als Austausch- und

Überweisungsstelle. Die Zahlung in einer Blockchain wird damit schneller, unabhängiger, transparenter, sicherer und kostengünstiger.

In einer Blockchain können aber nicht nur Punkte- oder Kontostände gespeichert werden. Grundsätzlich ist jeder Inhalt eines Blocks denkbar. Wenn es sich dabei um sog. Wenn-Dann-Verknüpfungen handelt, kann ein Block sogar unveränderbar einen bestimmten Vorgang oder Ablauf festlegen. Wenn dies geschieht, dann wird auch jenes ausgeführt. Solche Blocks enthalten damit intelligente Entscheidungsvorgänge (sog. Smart Contracts), die einfache oder auch sehr komplexe Entscheidungswege dokumentieren und ausführen können. Sie sind transparent, weltweit verfügbar, dezentral und sicher gespeichert und nachträglich nicht unbemerkt veränderbar.

Blockchain Technologie ist sicher nicht die Lösung aller aktuellen technischen Fragen und muss auch nicht von jedem Unternehmen in Zukunft zwingend für jeden Geschäftsvorgang eingesetzt werden. Viele Blockchain Anwendung sind aktuell lediglich eine effizientere Umsetzung von gewohnten und üblichen Geschäftsprozessen, die auch mit bisherigen Lösungen erfolgreich umgesetzt werden konnten.

Entscheidend wird es sein, sich auf die enormen Vorteile und Potentiale der Technologie zu konzentrieren, die nur die Verwendung von Blockchain Technologie bietet, und daraus Lösungen zu entwickeln, die bisher - ohne diese Technologie - schlicht nicht umsetzbar waren. Es geht weniger um die Übersetzung von alten Geschäftsfelder in Blockchain, sondern um die Entwicklung neuer Geschäftsfelder und Lösungen auf Basis der Technologie. Dieser sog. Blue Ocean (das Marktpotential durch Alleinstellung, Innovation und Schaffung neuer Märkte) der Blockchain-Technologie ist mit dem des Internets vergleichbar und seine Nutzung hat gerade erst begonnen.

Der Einsatz von Blockchain Technologie ermöglicht weltweit und ohne große Hindernisse den Zugang zu einem Zahlungssystem, zu Abstimmungsvorgängen und lässt die verteilte, sichere Erfassung von Daten (z.B. im Rahmen von Umfragen) zu. Diese Vorgänge werden gleichzeitig extrem transparent und dauerhaft unveränderbar gespeichert.

Während das etablierte Internet für Kommunikation und Information steht, bildet die Blockchain ein neues "Internet der Werte". Eine Blockchain ist damit die ideale Grundlage für ein zusätzliches Wirtschaftssystem, das ganz erheblich von weltweiter Verfügbarkeit, Unmittelbarkeit und Transparenz abhängig ist.

2) SoBz - erschließe die unentdeckten Ressourcen

Bei Erstellung dieses Konzeptes befinden sich etwa 1.200 verschiedene Crypto-Currencies im Umlauf. Die aktuell erfolgreichste Crypto-Währung, BITCOIN, gilt als erste Crypto-Currency und ihre etwa 17.000.000 Coins führen aktuell zu etwa 300.000 Transaktionen zwischen den Nutzern pro Tag. Der Wert hinter einem BITCOIN ist Zeit, Energie und Rechenleistung, die für seine Übertragung und Erstellung aufgewendet werden muß. Für die Überprüfung und Freigabe einer Transaktion von BITCOIN entsteht als Belohnung für den jeweiligen Nutzer ein zusätzlicher BITCOIN (sog. Mining).

An internationalen Exchange-Börsen wird ein BITCOIN aktuell für etwa USD 16.000 gehandelt (Dezember 2017). Aufgrund der gewählten Verifizierung jeder Transaktion im Wege des Proof-of-Work-Mechanismus verbraucht jede Transaktion jedoch angeblich 5.000 mal mehr Energie als eine Zahlung per VISA.

Die meisten Crypto-Währungen haben zudem drei Schwachstellen:

- die ausgebenden Institutionen haben keine originäre **Legitimation**, eine eigene Währung in Umlauf zu bringen,
- sie haben keinen über ihre Funktion hinausgehenden, wirtschaftlichen **Gegenwert**, den sie verbriefen (Energieverschwendung (?) siehe oben) und

- die hohen Kursschwankungen (Volatilität) führen zur geringen **Akzeptanz** der Währung aufgrund fehlender Verläßlichkeit ihres "Wertes".

a) Legitimation hinter der Entstehung von SoBz

Die Ausgabe der SoBz wird durch die DOR Stiftung aus Liechtenstein koordiniert. Die Stiftung erhält hierfür von der DOR Cyber Solutions AG aus Liechtenstein eine anfängliche Menge von 50 Milliarden SoBz Rohlingen.

Vor der Ausgabe der ersten, noch leeren, virtuellen SoBz Rohlingen wird durch die Inhaber der DOR-NEX sowie den Stiftungsrat der DOR Stiftung eine Kommission berufen, die über die Vergabe von SoBz Rohlingen aufgrund sozial-ökonomischer Bonität entscheidet. Die Mitglieder der Kommission müssen nachweißlich mindestens seit 15 Jahren ganz überwiegend in der sozialen Wertschöpfung arbeiten und/oder über eine entsprechende soziale Wertschätzung und Anerkennung verfügen. Für die Einbeziehung lokaler und regionaler Besonderheiten und die Koordinierung des Projekts wird durch die Kommission und den Stiftungsrat ein Länder- und Regionen-Beirat bestimmt, der beratend tätig wird und in verschiedene Entscheidungen einbezogen wird.

Die oben erwähnte Experten-Kommission entscheidet über die Verwendung der SoBz Rohlinge unabhängig, demokratisch und ohne weiteren Einfluss durch die DOR Stiftung oder die DOR Cyber Solutions AG. Schrittweise wird die Experten-Kommission die Community der DORIUM User in die Entscheidungsfindung einbeziehen und diese an die Community bei einer definierten Anzahl an aktiven Usern übergeben. Die Experten-Kommission bleibt jedoch eine dauerhafte und unabhängige Kontroll-Instanz.

Die Stiftung wird die vorhandenen SoBz Rohlinge ausschließlich auf einem der nachfolgenden Wege verwenden.

Entstehung durch Kreditierung aufgrund sozial-ökonomischer Bonität

Die Kommission wird zunächst die sozial-ökonomische Bonität von verschiedenen Organisationen der sozialen und sozial-ökonomischen Wertschöpfung prüfen und dokumentieren. Maßstab ist dabei - wie oben bereits erwähnt - die nachhaltige Verbesserung einer schlechten Situation. Die Bonität wird anhand des in der Vergangenheit bereits erreichten oder geförderten seimpacts einer Organisation bestimmt. Später wird sie über erhaltene und verdiente SoBz definiert. Sie verringert sich nicht dadurch, dass die SoBz später verwendet werden (sog. Status-Bonität).

Entsprechend der festgestellten Bonität dieser Organisationen werden ihnen SoBz Rohlingen zugeteilt, die für die Finanzierung der Projekte dieser Organisation eingesetzt werden müssen. Die Organisationen müssen sich gegenüber der Stiftung zur Einhaltung der von der Kommission festgelegten Grundsätze der sozial-ökonomischen Wertschöpfung verpflichten. Mit Ausgabe der SoBz Rohlinge an die Organisationen können diese an die Social Startups und andere soziale Projekte vergeben werden.

Ab einer definierten Nutzerzahl erhält die Online-Community in der Kommission ein maßgebliches Stimmrecht. Ziel ist es, dass bei einer ausreichenden Größe der Community die Entscheidungsgewalt über die Vergabe von SoBz Rohlingen aufgrund sozial-ökonomischer Bonität gänzlich auf die Community übergeht. Die natürlichen Mitglieder der Kommission behalten ein Mitspracherecht.

Mit der Nutzung der SoBz Rohlinge für die Finanzierung von Impact Investments und Social Startups werden die SoBz Rohlinge geprägt mit dem seimpact des jeweiligen Projekts. Ab jetzt haben die zunächst leeren SoBz Hüllen einen nachhaltigen Wert. Während die DOR Stiftung lediglich die virtuellen Gefäße und Behälter zur Verfügung stellt, wird nun von allen Beteiligten des Projekts der entstehende seimpact eingefüllt.

Der wirtschaftliche Erfolg des Projekts oder des geförderten Social Startups ist dabei nicht das einzige Kriterium für erreichten seimpact. Vielmehr kann auch ein unternehmerisches Scheitern zu einem seimpact führen, wenn z.B. parallel ein entsprechender Know-How-Transfer stattgefunden hat, der Förderbetrag teilweise zu Mitarbeitern gelangt ist und deren Armut gelindert hat oder der investierte SoBz zu einer späteren Zeit ein erfolgreiches Social Startup finanziert. Das Scheitern von Projekten ändert nichts an der Legitimierung zur Ausgabe der SoBz, weil gleichwohl ein signifikanter seimpact erreicht wird.

Entstehung aufgrund nachweislich erreichtem seimpact

Die Kommission kann Personen, Unternehmen und Organisationen für nachweislich erreichten seimpact einen Bonus in Form von SoBz gewähren. Dafür muß der erreichte seimpact definiert, gemessen und bewertet werden (dazu später unter b). Die Vergabe soll später von der Community übernommen werden. Die natürlichen Mitglieder der Kommission behalten ein Mitspracherecht.

Dabei kann der seimpact in Folge von Corporate Social Responsibility Aktivitäten erreicht werden, durch klassisches Ehrenamt oder auch durch die Begleitung von Berufen, die aus dem Sozialsystem der jeweiligen Regionen nur unzureichend honoriert werden können und einen über der Entlohnung liegenden seimpact erzielen. SoBz sind somit ein Weg, nachhaltige soziale Leistung zu vergüten und zusätzliche Anreize für diese Aktivitäten zu schaffen.

Auch hier stellt die DOR Stiftung lediglich virtuelle Gefäße zur Verfügung, in die der erreichte seimpact gefüllt werden kann. Die Prägung der Währung erfolgt durch die Zuordnung des erreichten seimpacts zu den erhaltenen SoBz durch die Beteiligten.

Entstehung aufgrund von Tätigkeit in der Community

Für definierte Tätigkeiten innerhalb der Community können die Nutzer eine definierte Honorierung in SoBz verdienen. Es können sowohl Projekte und Startups von den Nutzern unterstützt werden, die mit SoBz finanziert wurden (z.B. durch Erstellen von E-Learning-Videos für Social Startups), als auch die Community selbst durch Teilnahme an Entscheidungen, Verifizierung von Transaktionen und andere Aktivitäten innerhalb der Community (z.B. Berichte, Gewinnung von Partnern und neuen Mitgliedern). Der seimpact, der hierbei virtuell auf die neuen SoBz geprägt wird, ist nun als zusätzlicher Wert in der Community vorhanden.

Entstehung durch Gewährleistung eines bedingungsfreien Grundeinkommens

Bei ausreichender Größe der Community kann diese für bestimmte Regionen oder Personengruppen ein bedingungsfreies Grundeinkommen festlegen, das ausschließlich an einen Identitätsnachweis auf Blockchain Basis gebunden ist. Das bedingungsfreie Grundeinkommen soll den monatlichen Mindestbedarf eines Menschen in der jeweiligen Region decken und eine Vergütung des in jedem Menschen angelegten, sozial-ökonomischen Potentials darstellen. Der mit den SoBz verbriefte und auf diese eingeprägte seimpact liegt dabei zum Beispiel in der geleisteten Erziehung der Kinder, in der Pflege von Familienmitgliedern oder der eigenen Fortbildung für die Zukunft.

Somit erfolgt die Erschaffung von SoBz ausschließlich durch die unmittelbare Verbriefung von seimpact oder durch die Finanzierung von zukünftigem seimpact. Die Legitimierung der DOR Stiftung zur Ausgabe der SoBz Rohlinge erfolgt durch die Kommission von Ikonen der sozialen und sozial-ökonomischen Wertschöpfung, die Einbeziehung des Länder- und Regionen-Beirats sowie später durch die Entscheidung der Online-Community, an der jeder Mensch gleichberechtigt teilnehmen kann.

Alle Beteiligten des sozial-ökonomischen Wirtschaftssystems fördern seimpact zutage, der dann in die von der DOR Stiftung bereitgestellten, virtuellen SoBz Rohlinge gefüllt wird (sog. social economic mining). SoBz Rohlinge sind digitale Assets, die mit einem realen, sozial-ökonomischen Wert gefüllt und geprägt werden. Viele andere Crypto-Currencies bleiben dagegen ein digitales Asset, da sie keine zusätzlichen, realen Werten verbriefen. Vielfach entstehen sie aus der Freigabe von Transaktionen und der damit unnötig aufgewandten Energie.

b) Wert und Wertentwicklung der SoBz - Newtons Apfel fällt erneut vom Baum

Ein SoBz verbrieft erreichten seimpact. seimpact muss daher - wie generell die Auswirkungen von nachhaltigen Maßnahmen oder Investitionen - zunächst verläßlich gemessen werden. Steht die Menge des erreichten seimpact fest, muss die Bestimmung seines Wertes durch eine Bewertung stattfinden. Die quantitative Erfassung des erreichten seimpact wird durch die Verwendung von Blockchain Technologie erheblich vereinfacht (siehe hierzu Ziffer 5 d). Allerdings besteht bisher kein normatives System, um den Wert eines erreichten oder beabsichtigten seimpacts bestimmen zu können. Dies liegt vor allem daran, dass bisher kein sozial-ökonomisches Eco-System bestand, in dem ein seimpact hätte bewertet, abgebildet oder bestimmt werden können.

Für die Bewertung von seimpact wird die Einstufung der sog. "Sustainable Development Goals" durch die UN als Raster übernommen (kurz SDGs). Im Rahmen eines oder mehrerer der 17 definierten Ziele entsteht jeder zusätzliche seimpact. Um seimpact verbriefen zu können, muss nun die Auswirkung in einem der Ziele definiert werden, um als Referenz für die anderen Ziele und dortige Bewertungen dienen zu können. Später können weitere oder andere Ziele von der Community hinter DORIUM definiert werden. Die SDGs bilden jedoch eine bekannte und akzeptierte Ausgangsbasis.

Der seimpact, der in einem SoBz verbrieft wird, besteht per Definition aus dem positiven Einfluß auf die CO_2 Bilanz der Erde, der durch einen Apfelbaum im Laufe seines gesamten Lebens erreicht wird - etwa 0,25 Tonnen CO_2 Absorption. Diese Bindung von CO_2 dient dem Ziel des Klimaschutzes (Ziel Nr. 13 der SDGs), ist bestimmbar (Kohlenstoff der in der Masse des Baumes, seines Laubes und der Wurzeln auf die Lebenszeit gespeichert wird) und ist nur von natürlichen Vorbedingungen (Wasser, Nährstoffe) abhängig. Damit beinhaltet jeder SoBz nach dieser Definition den positiven Gegenwert der Bindung von 0,25 Tonnen CO_2. Einfach ausgedrückt, repräsentiert ein SoBz den nachhaltigen seimpact der Einpflanzung eines Apfelbaumes oder einen für die Community gleichwertigen seimpact (Beispiel: eine Schutzimpfung (SDG 3) = ein SoBz).

Der Apfelbaum wird als Baum des ewigen Lebens bezeichnet. Der Apfel selbst hat die Menschheitsgeschichte und ihre Entwicklung schon häufig angetrieben und beeinflußt. Neben der Schilderung in der Darstellung von Adam und Eva, inspirierte er Isaac Newton zur Entdeckung der Schwerkraft, symbolisiert die revolutionäre Entwicklung von Steve Jobs (APPLE Inc.) und bezeichnet eines der mächtigsten Finanzzentren der Welt (Big Apple New York). Gleichzeitig soll der von der UN festgelegte "Tag des Baumes" jedes Jahr an die wichtige Funktion der Bäume für den Menschen, die Umwelt und die Wirtschaft erinnern. Jeder Baum kompensiert ein wenig die negativen Auswirkungen wirtschaftlichen Handelns und steht als Symbol für Nachhaltigkeit.

Durch die Festlegung dieses Referenzwertes wird die überragende Bedeutung des Klimaschutzes betont, eine Maßstab für die Bedeutung eines SoBz innerhalb der anderen Ziele des SDG Systems gegeben und die Verbindung zu dem Wertesystem des alten Wirtschaftssystems erreicht. Im Rahmen von Emissionshandel können Unternehmen heute Lizenzen für den Ausstoß von CO_2 erwerben und handeln. Eine emittierte Tonne CO_2 kostet dabei etwa CHF 6,00. Es ist daher sicher angemessen, einem SoBz, der die Beseitigung von 0,25 Tonnen des gefährlichen Treibhausgases beinhaltet, einen Wert von mindestens CHF 1,00 als Kalkulationsgrundlage beizumessen. Zumal ein Apfelbaum im Laufe seines Lebens zusätzlichen seimpact produziert (z.B.

Früchte, Förderung der Gesundheit, Nährboden, Verkaufserlöse für Landwirte), die zunächst nicht in der Definition berücksichtigt werden. Das zusätzliche Potential erleichtert den Vergleich mit anderen Arten von seimpact und kann zukünftig von der Community und dem Wirtschaftssystem ermittelt und bewertet werden.

Die Bewertung von entstehendem oder bereits entstandenem seimpact in verschiedensten Bereichen hat mit SoBz nun eine gemeinsame Einheit. Ein SoBz entspricht im Ziel 13 der SDGs einer langfristigen Absorption von 0,25 Tonnen CO^2. Dieser Referenzwert kann nun auf andere Arten von seimpact übertragen werden, um auch diesen in SoBz darstellen zu können. Dabei können

- unterschiedliche Kriterien für die Bewertung definiert werden,
- eine Bewertung der Community eingeholt werden
- oder auf eine wachsende, lernende Datenbank von Vergleichswerten zurückgegriffen werden.

Erst die Entwicklung der notwendigen Bewertungen durch die Marktteilnehmer, das Eingreifen der Mechanismen des Marktes sowie die Kombination dieser drei Verfahren (im weiteren als Trinity-Methode bezeichnet) ermöglichen es, erreichte Veränderungen (seimpact) miteinander in Relation zu setzen und sie einheitlich in SoBz ausdrücken zu können. Darüber hinaus werden immer auch sonstige, aktuelle Einflüsse (z.B. politische, kulturelle oder persönliche Einflüsse) die Bestimmung des Wertes beeinflussen.

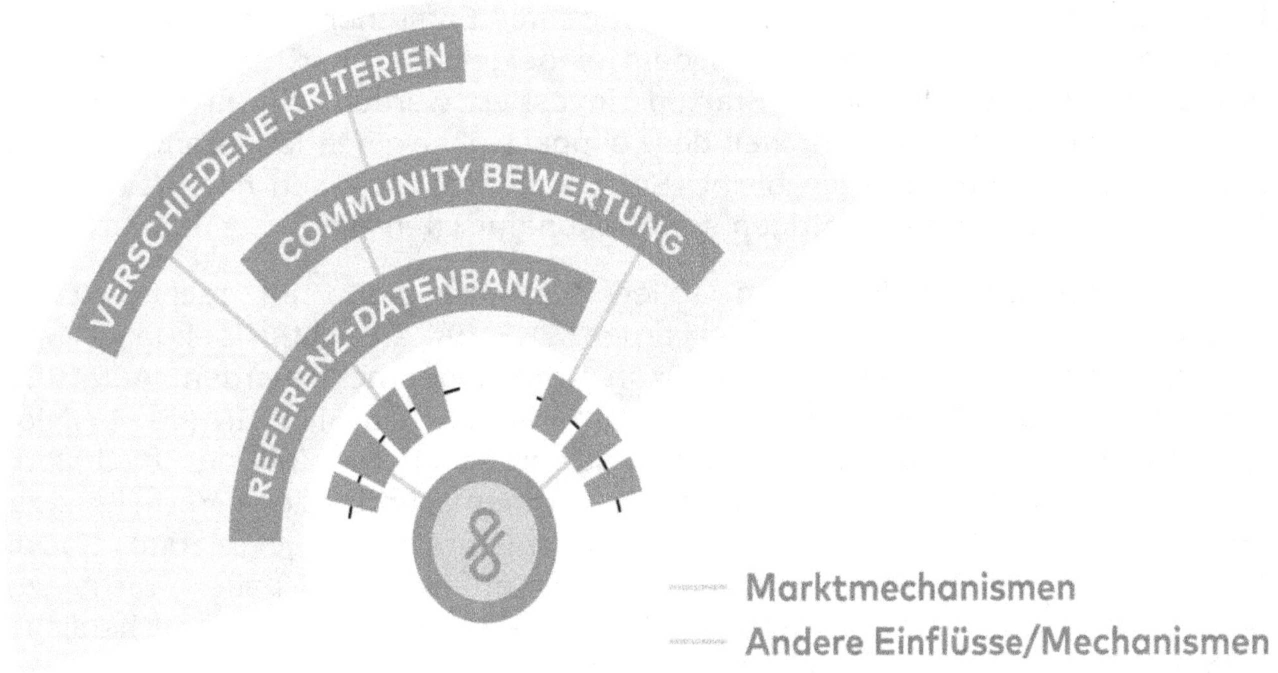

Die Zuordnung zwischen der Menge an SoBz und der Menge an Ware, die man dafür erhält und veräußert, erfolgt dann analog zum klassischen Wirtschaftssystem durch die Mechanismen der Marktwirtschaft und die unsichtbare Hand von Adam Smith. Ausgangspunkt ist dabei die initiale Bewertung eines SoBz mit CHF 1,00 - später mit dem jeweiligen, internationalen Handelswert der Währung.

Bei seiner Entstehung verbrieft jeder SoBz einen seimpact im Gegenwert von mindestens CHF 1,00 (siehe oben). Der seimpact wird vor Ausgabe der SoBz Rohlinge gemessen oder in Smart Contracts in einer

Finanzierungsvereinbarung definiert. Mit seiner Entstehung trägt jeder SoBz einen ursprünglichen seimpact, zu dem er beigetragen hat, in sich. Kann er erneut in Projekte oder Social Startups investiert werden, nimmt sein sozial-ökonomischer Gegenwert zu, weil der seimpact über einen längeren Zeitraum als Wert im System erhalten bleibt. SoBz haben damit einen nachweisbaren, dokumentierten und nachhaltigen sozial-ökonomischen Wert.

In den kommenden 5 Jahren sollen zunächst SoBz im rechnerischen Gegenwert von mindestens 50 Milliarden CHF für erreichten seimpact und aufgrund sozial-ökonomischer Bonität in Umlauf gebracht werden. Aufgrund der größeren, absoluten Menge an SoBz im Vergleich zu BITCOIN (ca. 17 Mio. Coins) wird mit einer geringeren Volatilität gerechnet. Die Zahl der im Umlauf befindlichen SoBz steht aber gleichzeitig in einem vernünftigen Verhältnis zu den etwa CHF 300 Milliarden, die jährlich für Hilfsprojekte und Social Investments aufgewendet werden. Eine Inflation ist daher nicht zu befürchten. Gleichzeitig kann mit diesem Betrag eine erhebliche Unterstützung ohne Zwischeninstanzen erreicht werden.

Da sich die Bedeutung und der Wert von sozial-ökonomischer Wertschöpfung mit der Sichtbarkeit der eingangs geschilderten Probleme deutlich erhöhen wird, ist davon auszugehen, dass sich der Wert eines SoBz, der seimpact verbrieft, ebenfalls positiv entwickeln wird. Jeder weitere SoBz der ausgegeben wird, dokumentiert ein kleines Stück Problemlösung und Verbesserung. Der Wert der Währung wird daher stabil verlaufen und sich positiv entwickeln.

Beispiel zur Umrechnung von seimpact in SoBz

DORIUM ist eine neue, sozial-ökonomische Wirtschaftsordnung, in der das Erreichen von seimpact angestrebt, dokumentiert und mit der Währung SoBz honoriert und finanziert wird. SoBz stehen grundsätzlich für das Verfolgen und Erreichen einer nachhaltigen, sozial-ökonomischen Verbesserung (seimpact). Per Ausgangsdefinition verbrieft jeder SoBz die langfristige Absorption von 0,25 Tonnen CO^2 im SDG 13, Klimaschutz. Dies entspricht etwa dem Wert an CO^2 Absorption, der von einem Apfelbaum im Laufe seines Lebens ohne menschliche Einflüsse erreicht wird. Diese Definition wird als Referenzwert für die Währung benötigt, um den Gegenwert eines SoBz in unterschiedlichen Arten von seimpact (vergleiche 17 SDGs der UN oder andere, zu definierende Ziele) ermitteln zu können. Der Wert dient als Referenz zur Entwicklung eines Wertesystems durch den Markt und die Marktteilnehmer. Der Klimaschutz bzw. die Reduzierung von CO^2 Emission bildet dabei einen gemeinsamen Nenner aller Wirtschaftsordnungen. Gleichzeitig ermöglicht der Referenzwert die Umrechnung eines SoBz in Fiat-Währungen und damit den Austausch mit dem klassischen Wirtschaftssystem.

Ein Social Startup in Namibia möchte mit einer Wasseraufbereitungsanlage 100 m³ Trinkwasser am Tag reinigen. Das gereinigte Wasser soll an die 10.000 Bewohner einer Region oder die lokale Verwaltung verkauft werden. Für die Anlage und weiteres Equipment benötigt er ein Darlehen in Höhe von umgerechnet 300.000 EUR. Er wendet sich an eine Hilfsorganisation, die sich auf Wasserprojekte in Namibia spezialisiert hat. Gemeinsam mit dem Unternehmer erstellt die Hilfsorganisation eine Einschätzung des voraussichtlichen seimpact des Projekts:

10.000 Menschen bekommen für mindestens 5 Jahre täglich 10 Liter sauberes Trinkwasser (unmittelbarer seimpact). Es werden Kosten für die Behandlung von Krankheiten vermieden und die Menschen können ihre Schulbildung oder Arbeit nachkommen, ohne ständig aufgrund von Magen-Darm-Erkrankungen zu fehlen (mittelbarer seimpact). Der Unternehmer beschäftigt in seinem Unternehmen zudem 3 Mitarbeiter, die nun eine qualifizierte Arbeit haben und ein festes Einkommen (indirekter seimpact). Der Unternehmer selbst hat für sich und seine Familie ein Einkommen (direkter seimpact).

Die DORIUM Community oder die Kommission von Experten muss nun bewerten, ob und wieviel SoBz diesem Projekt zur Verfügung gestellt werden können. Dafür muss der oben genannte Referenzwert eines SoBz (erreichter seimpact im SDG 13) auf den seimpact übertragen werden, der im Beispiel im SDG 6, Sauberes Wasser, entsteht. Wieviel positive Auswirkung im SDG 6 ist einen SoBz wert, wenn im SDG 13 ein SoBz der Absorption von 0,25 Tonnen CO_2 entspricht? Wie kann man Sauberes Wasser und Klimaschutz vergleichen?

Jährlich können ca. 20 Milliarden Tonnen CO_2, die durch den Menschen verursacht wurden, nicht von der Natur aufgenommen werden - sie gelangen als Treibhausgas in die Atmosphäre und verstärken die Erderwärmung. Ein Apfelbaum kompensiert davon ca. 0,016 Tonnen pro Jahr (0,25 Tonnen aufgeteilt auf 15 Jahre). Diese Auswirkung, die den Gegenwert von einem SoBz im SDG 13 darstellt, ist somit der 1,2 billionste Teil der Lösung. Es müssen 1.200.000.000.000 Apfelbäume gepflanzt werden, um jährlich den schädlichen Anteil von ca. 20 Milliarden Tonnen CO_2 zu kompensieren.

Unterstellt man, dass aktuell ca. 2,6 Milliarden Menschen keinen Zugang zu sauberem Trinkwasser haben und jeder Mensch mindestens zum Trinken,

Kochen und Waschen 10 Liter sauberes Trinkwasser pro Tag haben sollte, fehlen weltweit ca. 9,36 Billionen Liter sauberes Wasser jährlich. Wenn die Community oder die Kommission der Experten einen Bezug zum Klimaschutz herstellen möchte, sollte ein SoBz auch im SDG 6 etwa den 1,2 billionsten Teil der Lösung verbriefen. Ein SoBz könnte damit gleichgesetzt werden mit der Herstellung von jährlich 8 Litern sauberem Trinkwasser. Nachhaltig auf 15 Jahre betrachtet (wie beim Apfelbaum) entspricht dies einer Menge von 120 Litern sauberem Trinkwasser, die durch einen SoBz im SDG 6 verbrieft werden.

Ein Projekt im Bereich SDG 6 ist somit nach der Beispielrechnung oben dann einen SoBz wert, wenn es auf 15 Jahre mindestens 120 Liter Trinkwasser reinigt oder zugänglich macht. Eine Anlage, die am Tag 100 m³ Wasser aufbereitet, erzielt einen unmittelbaren seimpact von ca. 1.500.000 SoBz (Gesamtleistung an gereinigtem Wasser in Litern auf 5 Jahre geteilt durch 120 Liter).

Sicher kann die Community andere Wege wählen, um eine Bewertung aus der Referenz des Apfelbaumes zu ermitteln. Der Ansatz oben bestimmt das Problem oder den Bedarf und definiert darüber den Anteil an der Lösung, die ein SoBz haben soll. Nachdem man die statistischen Zahlen ermittelt hat, ist die Berechnung eine Annährung und Grundlage einer zukünftigen Einschätzung durch den Markt und die Marktteilnehmer. Neben den Zahlen und Statistiken können darauf auch andere Aspekte Einfluß nehmen (z.B. die weltweite Verbreitung eines gefährlichen Keims im Trinkwasser, die zu einer massiven Verknappung des Trinkwassers führt). Zudem wird sich der Wert nicht für jeden seimpact und jedes verfolgte Ziel über einen einfachen Dreisatz ermitteln lassen. Das klassische Wirtschaftssystem bildet, aktualisiert und verändert diese Werte seit dem Beginn des Handels mit Gütern vor vielen

Tausend Jahren. Erst die Blockchain Technologie ermöglicht es, diesen Vorgang demokratisch und transparent in kürzester Zeit umzusetzen.

Ein von der Kommission der Experten oder der DORIUM Community ermittelte Wert (z.B. SDG 6: ein SoBz verbrieft den seimpact von 120 Litern Wasser) wird in der Referenz-Datenbank der DORIUM Blockchain gespeichert und kann für zukünftige Einschätzungen als weitere Referenz verwendet werden. Mit einer hohen Anzahl an Referenzwerten bildet sich durch den Markt und die Marktteilnehmer ein Konsens über das Wertesystem und seine Abbildung in der Einheit SoBz.

In dem Beispiel müsste die Community nun ermitteln, wie SoBz aktuell an internationalen Börsen gehandelt werden, um sie auf Euro umrechnen zu können. Wäre der Kurs 1:1, müsste der Unternehmer 300.000 SoBz erhalten, um einen unmittelbaren seimpact von 1.500.000 SoBz (gereinigtes Wasser) zu erzielen. Unterstellt man, dass die mittelbaren, direkten und indirekten seimpacts (siehe oben) die negativen Auswirkungen (Herstellung der Anlage, Energieverbrauch, Chemikalieneinsatz) kompensieren, kann das Projekt mit 300.000 SoBz finanziert werden.

Im Ergebnis bedeutet dies, dass der Marktpreis der Anlage deutlich geringer ist, als ihr tatsächlicher Nutzen. Für eine solche Anlage könnten auch mehr SoBz bezahlt werden. Der Anreiz, solche Anlagen herzustellen, im Trinkwasserbereich zu investieren und zu forschen, ist entsprechend groß. Hier zeigt sich der Einfluß der Zielvorgabe (seimpact) auf das wirtschaftliche Preisgefüge.

c) Akzeptanz der SoBz

Jede Währung hat nur deshalb einen Wert, weil die Währung von einer Vielzahl von Personen als Tauschmittel zu diesem bestimmten Wert akzeptiert wird. Eine Währung benötigt neben dem sie definierenden Wert (hier: seimpact) auch noch eine möglichst große Zahl von Nutzern, von denen sie akzeptiert wird.

Ein SoBz verbrieft einen sehr nachhaltigen Wert und hat für die Gesellschaft bereits etwas geleistet. Er kann daher sehr leicht von Unternehmen im Rahmen ihrer Corporate Social Responsibility Aktivitäten als Zahlungsmittel für bestimmten Waren oder bestimmte Mengen an Waren akzeptiert werden. Für Unternehmen kann es unter Marketing-Aspekten interessant sein, viele SoBz zu halten oder für die Online-Community nachvollziehbar zu investieren. Fluggesellschaften können aber auch auf einfachem Weg ihre Bonus-Programme mit ihren Corpoarte Soial Responsibility Aktivitäten verbinden, indem sie SoBz in Bonus-Meilen tauschen lassen - und umgekehrt.

Staatliche und nichtstaatliche Organisationen können SoBz als Währung für Hilfsmaßnahmen und Vergabe von Leistungen nutzen, weil ihre Verbreitung genau dort gewährleistet ist, wo das bestehende Bankensystem keine Verbreitung gefunden hat oder Einschränkungen unterliegt. SoBz sind eine transparente Währung, die wirksame Schutzmaßnahmen gegen Geldwäsche und Unrechtsfinanzierungen verwendet. Das Fürstentum Liechtenstein und sein stark regulierter und kontrollierter Finanzsektor bieten dafür den perfekten Rahmen.

Um eine breite Einführung der SoBz zu erreichen, wurden bereits im Vorfeld Absichtserklärungen mit Unternehmen unterzeichnet, die SoBz als

Zahlungsmittel für folgende Produkte und Dienstleistungen akzeptieren werden:

- Solar-Energie-Container zur dezentralen Stromversorgung,
- Dezentrale Trinkwasser-Aufbereitungsanlagen,
- Satelliten-Kommunikation,
- Transport und Logistik,
- nachhaltige Baustoffe und Bausysteme und
- Lebensmittel

Es werden schnell weitere Unternehmen folgen, weil sich durch den Aufbau von Social Startups neue Märkte für die Unternehmen entwickeln. Der soziale und nachhaltige Charakter der Akzeptanz von SoBz wird ein Indikator für die nachhaltige und soziale Ausrichtung des akzeptierenden Unternehmens.

Für Unternehmen bringt die Akzeptanz von SoBz mehrere Vorteile:

- sie beteiligen sich am Hype-Thema „Blockchain" und „Crypto-Währungen",
- sie unterstützen die Entstehung von seimpact und können dies dokumentieren,
- sie verbinden ihr Unternehmen mit den positiven Referenzen der Experten-Kommission und
- sie positionieren ihr Unternehmen in neu entstehenden Märkten.

Die User der DORIUM Community können zusätzliche Akzeptanzstellen und Partner von der Teilnahme überzeugen und auf diese Weise selbst SoBz verdienen.

3)   Das zusätzliche Wirtschaftssystem

Das rein ökonomische Wirtschaftssystem hat einer großen Anzahl von Menschen einen ausreichenden Wohlstand ermöglicht, enorme, technische Entwicklungen gefördert und bildet die Basis für stabile Wirtschaftsbeziehungen zwischen Staaten und globalen Handel. Gleichzeitig führt das Wirtschaftssystem zu einem Aufgehen der Schere zwischen Arm und Reich, nimmt wenig Rücksicht auf die Beschränktheit der natürlichen Ressourcen und honoriert Arbeit nur noch nach dem damit erzielbaren Gewinn aus einer Kosten-Nutzen-Relation.

Dieses System bedarf einer sanften Korrektur in den Auswirkungen durch ein zusätzliches Wirtschaftssystem, das für ein Gegengewicht auf der Waage sorgt. Dafür bedarf es eines zweiten, zusätzlichen Wirtschaftssystems, das keine Abhängigkeiten zum bereits bestehenden System aufweist. Das System muß in sich geschlossen sein und einen wertschöpfenden Wirtschaftskreislauf ermöglichen. Dies wird nur erreicht, wenn in allen Teilen des Wirtschaftssystems der dahinterstehende Wert, hier der sog. seimpact, identisch ist.

Das hinter dem klassischen Wirtschaftssystem stehende Werte-System hat sich über viele Tausend Jahre entwickelt und die Werte einzelner Güter, Ziele und Strategien definiert. Sein Zentrum ist die Relation zwischen Kosten und monetärem Ertrag. Um in einem zusätzlichen Eco-System den seimpact als Referenzwert zu etablieren, müssen Produkte, Leistungen und Ziele auf diesen Wert ausgerichtet werden. Die Blockchain Technologie ermöglicht es, dass dieser Vorgang auf eine transparente und demokratische Weise sehr schnell erfolgen kann. Neue Bewertungen werden verfügbar gemacht und dienen als zusätzliche Referenz für anstehende Wertermittlungen.

Nur so kann der in der Einleitung erwähnte Paradigmen-Wechsel vermieden werden und in überschaubarer Zeit eine nachhaltige Lösung für die relevanten Probleme der Welt gefunden werden. Dafür wird durch SoBz eine Einheit definiert, durch die erstmals Nachhaltigkeit und Social Impact meßbar und dokumentierbar werden. Wenn das globale Wirtschaftssystem bisher mit Benzin betrieben wurde, bekommt es jetzt einen Hybrid-Motor und soll dann bald vollständig mit sauberer Energie auskommen.

Die Abläufe innerhalb des zusätzlichen, sozial-ökonomischen Wirtschaftssystems sollen nachfolgend anhand eines Beispiels dargestellt werden:

Beispiel: Förderung eines Projektes zur Erzeugung von sauberem Trinkwasser

Die Kommission der DOR Stiftung hat einer Organisation für ihre nachweisbare, sozial-ökonomische Bonität SoBz Rohlinge zugewiesen. Die Organisation hat damit einem Social Startup in Afrika eine Projektfinanzierung in SoBz gewährt. Das Social Startup nutzt die erhaltenen SoBz, um damit bei einem Unternehmen, das SoBz akzeptiert, eine Anlage zur Wasseraufbereitung zu bezahlen (z.B. Firma ItN Nanovation AG, Saarbrücken/Deutschland).

Die Menge der zur Finanzierung des Projekts vergebenen SoBz richtet sich dabei nach dem durch das Projekt zu erwartenden seimpact. Dessen zu erreichende Menge wird prognostiziert und anschließend bewertet. Dabei können nach der Trinity-Methode zunächst verschiedene Kriterien angelegt werden (Verfügbarkeit von Wasser in der Region, Belastung des Ausgangswassers, Qualität des behandelten Wassers, Zahl möglicher Nutzer, Zahl möglicher Mitarbeiter), eine Bewertung durch die Community angefragt werden und das Projekt sowie sein seimpact über die Werte-Datenbank mit anderen Projekten verglichen werden. Durch Aufstellung der Relation zu anderen Bewertungen ergibt sich die Anzahl an SoBz, die den ermittelten seimpact ausdrückt. Die Umrechnung in einen Verkaufspreis in SoBz ergibt sich aus dem aktuellen Marktwert der SoBz an internationalen Börsen.

Das gereinigte Wasser verkauft der Social Entrepreneur an die Regierung seines Landes oder die Bevölkerung. Dabei kann er sowohl die lokale Währung (Fiat) akzeptieren als auch SoBz. Nach erfolgreichem Start seines Unternehmens zahlt er den erhaltenen Kredit in SoBz ratenweise zurück. Die SoBz für die Rückzahlung des Kredites hat er für sein gereinigtes Wasser von seinen Kunden erhalten oder er akzeptiert von seinem Kunden FIAT Währungen und hat mit seinem Gewinn an einer Exchange-Börse SoBz erworben. Den verbleibenden Gewinn behält er für sich. Die SoBz können nun von der finanzierenden Organisation erneut eingesetzt werden.

Das Unternehmen, das die SoBz zur Zahlung der Wasseraufbereitungsanlage akzeptiert hat, kann nun die erhaltenen SoBz an einer Exchange-Börse verkaufen. Es kann die SoBz jedoch auch behalten und auf einen Wertgewinn der Währung vertrauen. Um in der Community eine positive Außendarstellung zu erreichen, kann das Unternehmen die SoBz auch verwenden, um eigene Corporate Social Responsibility Projekte zu fördern oder anderweitig die SoBz in den Kreislauf sozial-ökonomischer Wertschöpfung zurückgeben.

Die Mitarbeiterin des Social Startups in Afrika, die ihren Lohn in SoBz erhalten hat, kann damit für ihre Familie gereinigtes Wasser kaufen, Leistungen anderer Social Startups nutzen oder über eine E-Commerce-Plattform der Community Dinge aus aller Welt einkaufen. Dabei können fairtrade-Produkte, nachhaltig hergestellte Produkte oder auch gut erhaltene, gebrauchte Dinge gekauft werden.

Der durch das Social Startup erreichte seimpact (sauberes Wasser, Gehalt für Mitarbeiter, Gewinn für den Unternehmer und seine Familie, CSR des Herstellers) wurde vorab bewertet, im Laufe des Projekts kontrolliert und virtuell auf die SoBz eingeprägt, die von der Organisation zur Finanzierung des Projekts eingesetzt wurden.

Das zusätzliche, sozial-ökonomische Wirtschaftssystem ist damit in sich geschlossen und kann aus sich heraus wachsen. Gleichzeitig wird jedoch auch der Austausch mit dem klassischen Wirtschaftssystem ermöglicht. Das zusätzliche Wirtschaftssystem wird viele Menschen einbeziehen, die vom Bankensystem des klassischen Wirtschaftssystems ausgeschlossen sind. Damit wird es zunehmend auch bewährte Instrumente des Bankensystems einbinden. Selbst der marktwirtschaftliche Wettbewerb ist förderlich, wenn die Motivation aller Mitbewerber das Erreichen oder Vermehren von seimpact ist.

4) DORIUM - Die Online-Community des sozial-ökonomischen Wirtschaftssystems

Das klassische, ökonomische Wirtschaftssystem hat verschiedene Wege entwickelt, um die Einbeziehung der Menschen zu ermöglichen. Angefangen von der betrieblichen Mitbestimmung der Arbeitnehmer, über CRM Maßnahmen der Unternehmen bis hin zur Steuerung der Märkte durch die sog. Unsichtbare Hand nach Adam Smith.

Im sozial-ökonomischen Wirtschaftssystem wird diese Mitwirkung über die Online-Community abgebildet. Die entstehende Online-Community wird als DORIUM bezeichnet und unter diesem Namen vorgestellt und beworben.

Die auf Blockchain-Technologie zurückgreifende Community entscheidet über die Entstehung von Währung, ihre Vergabe und die Neuschaffung von Geld. Gleichzeitig sorgt sie durch Aktivitäten der Nutzer für ein Höchstmaß an Transparenz, eine Vielzahl verifizierter Informationen und deren Dokumentationen und Auswertung. Aus der Community können sich eine unlimitierte Vielzahl von Aktivitäten ergeben:

- E-Commerce-Plattform für Gegenstände des täglichen Lebens;
- Beratung und langfristige Begleitung von Social Startups durch Nutzer der Community;
- Prüfung und Freigabe der Transaktionen von SoBz;
- Messung, Prüfung und Darstellung von seimpact, der durch Social Startups und soziale Projekte erreicht wurde;
- Gewinnung neuer Akzeptanzstellen und Partner;

- Betrieb einer Plattform für nachhaltige Sharing Economy Projekte;
- Aufbau einer Werte-Datenbank zur Abbildung und Bewertung von seimpact in den 17 SDGs;
- Wissensdatenbank der Nutzer für Social Entrepreneure;
- Handel mit Fair-Trade-Produkten und Produkten aus nachhaltiger, grüner Produktion;
- E-Learning-Angebote für Nutzer von Nutzern;
- Verbriefung von Eigentums- und Grundstücksrechten mittels Geo-Mapping in Ländern, die einen klassischen Eigentumserwerb nicht vorsehen - wie z.B. weite Teile des subsaharischen Afrikas. Damit wird ein wesentliches Investitionshindernis beseitigt und für die soziale Absicherung von vielen Familien gesorgt;
- Betrieb und Organisation von selbständigen Wirtschaftssystemen (z.B. Genossenschaften), die damit demokratisch ihre nachhaltigen Ziele verfolgen können, aber in ihrem erreichten Ergebnis mit anderen Wirtschaftsformen vergleichbar bleiben.

Durch Aktivitäten in der DORIUM Community können Nutzer SoBz verdienen, die sie wiederum an anderer Stelle einsetzen können. Über verdiente SoBz und SoBz, die erworben und nachhaltig investiert wurden, baut sich eine sozial-ökonomische Bonität auf, die mit dem Teilnehmer-Status bei den Bonusprogrammen von Fluggesellschaften vergleichbar ist. Die erreichte Bonität (der Status) bleibt erhalten, auch wenn die verdienten SoBz verwendet und ausgegeben werden. Diese Bonität berechtigt zur Freigabe von Transaktionen (siehe unten, Ziffer 5) und der Teilnahme an Abstimmungen und Entscheidungen. Im positiven Sinne entsteht ein Rennen um den Aufbau der größten Status-Bonität und die damit verbundene soziale Wertschätzung und Anerkennung. In der Folge dieses Wettbewerbs entsteht auch eine maximale sozial-ökonomische Wertschöpfung und eine motivierende Gewinnerzielung beim Nutzer.

Die Online-Community DORIUM ist das zentrale Mitbestimmungs-, Kontroll- und Beteiligungsorgan der DOR Stiftung. Alle zentralen Fragen des sozial-ökonomischen Wirtschaftssystems werden hier diskutiert und nach demokratischen Prinzipien entschieden. Die Community legitimiert die zukünftige Schaffung von SoBz durch die Ausgabe von SoBz Rohlingen. Sie wurde erst möglich durch die Entwicklung der Blockchain-Technologie und nutzt diese, um die Welt aktiv zu verändern.

"Wenn du ein Schiff bauen willst, dann trommle nicht Männer zusammen, um Holz zu beschaffen, Aufgaben zu vergeben und die Arbeit einzuteilen, sondern lehre sie die Sehnsucht nach dem weiten, endlosen Meer."

Antoine de Saint-Exupéry, Schriftsteller

(1900 - 1944)

5) Umsetzung des Konzepts

Für die technische Umsetzung kann bereits auf eine Vielzahl bestehender und bewährter Blockchain-Projekte zurückgegriffen werden, teilweise soll ihre Entwicklung durch das Konzept weiter vorangebracht werden. Besondere Bedeutung kommt dabei den folgenden Bereichen zu:

- geringe Zugangshindernisse, Transparenz und abgestufte Identifikation,
- Kombination verschiedener Methoden der Datenerhebung und Datenspeicherung (Blockchain, State Channels und Oracle Anwendungen) in der Architektur des Systems verschiedener multi-dimensionaler und geteilter Blockchain Ledgers,
- Schutz vor Manipulation des Systems und Schutz vor Nutzung des Systems für illegale Aktivitäten, Freigabe-Mechanismen,
- Nutzung skalierbarer Smart Contracts für die Abbildung komplexer Entscheidungsprozesse und die Beurteilung von seimpact sowie
- Verwendung von Social Graphs, Content Hubs und von weiteren Community-Funktionen auf Basis von Blockchain-Technologie.

a) Geringe Zugangshindernisse und sozial-ökonomische Inkubatoren

Das Konzept soll insbesondere Menschen einen Zugang zum neuen Wirtschaftssystem geben, die bisher ausgeschlossen waren. Für die Nutzung einer Blockchain ist jedoch Hardware und eine Verbindung zu Strom und Internet notwendig. Dinge, die bei Menschen, die in extremer Armut leben, nicht vorhanden sind. Die Zugangshindernisse zum DORIUM Eco-System müssen daher viel geringer sein, als bei anderen Blockchain-Projekten.

In vielen Regionen werden Nutzer eingesetzt, um mit ihrer mobilen Hardware Menschen in die Blockchain und die DORIUM Community einzubinden. Der Zugang erfolgt über eine persönliche Identifizierung auf der Hardware eines Dritten (Access as a Service). Darüber kann dem Nutzer auch ohne eigene Verbindung und Hardware Zugang zu seinen Daten, seinem Gehalt oder bedingungsfreiem Grundeinkommen ermöglicht werden. Die Nutzer, die anderen Access as a Service anbieten, erhalten pro verwaltetem Nutzer eine Vergütung in SoBz. Mit den Einnahmen können sie die Hardware und Verbindung finanzieren und selbst einen Gewinn erzielen.

In anderen Regionen werden sozial-ökonomische Inkubatoren entstehen: kleine Ansiedlungen von Betrieben, Infrastruktur, Bildungseinrichtungen und Versorgungszentren, die auch die Nutzung von Hardware für einen Zugang zum DORIUM Eco-System ermöglichen und sozial-ökonomisches Unternehmertum fördern.

b) Architektur der Blockchain

Die Blockchain soll auf dem Open-Source-System aeternity aufgesetzt werden. Das aeternity System bietet u.a. einen entscheidenden Vorteil:

Die meisten Blockchain-Modelle beruhen darauf, dass alle Daten und Applikationen innerhalb der Blockchain gespeichert werden. Das System muß dann aber auch die gesamten Inhalte der Blockchain ständig übertragen und verifizieren. Die Datenmengen können dabei ein limitierender Faktor für das

Gesamtsystem werden. Es gibt daher Entwicklungen (z.B. aeternity), die eine Verwaltung der Daten und Applikationen über sog. Hybrid-Systeme aus on-chain, sog. state channels (direkte Verbindung zwischen zwei Nutzern) und Oracle Anwendungen ermöglichen. Sie können die Effizienz der Systeme erheblich steigern und damit eine größere Skalierbarkeit der möglichen Datenmengen erreichen. Ein Netzwerk von state channels ermöglicht den Austausch von Datem mit anderen Nutzern ohne Notwendigkeit einer vertrauenswürdigen Zwischeninstanz. Oracle Systeme sammeln anschließend die Ergebnisse der Kommunikation ein und stellen sie smart contracts zur Verfügung.

Die Blockchain wird nicht mehr zur Speicherung von Daten verwendet, sondern zur Steuerung der Datenverarbeitung. Die Architektur ist besonders geeignet für die Umsetzung von Abstimmungen und Meinungsumfragen, die viel Kommunikation und viele Daten produzieren.

Auf der Grundlage von aeternity sollen zudem die Daten verschiedener blockchains miteinander verbunden werden. Die Speicherung von User-Daten, die Messung von seimpact, verschiedene Abstimmungen und die Währung SoBz laufen dabei auf unterschiedlichen aeternity Blockchains, die nur im Bedarfsfall miteinander kommunizieren. Diese sog. multi-dimensionalen Blockchains können verschiedene Freigabe-Mechanismen nutzen und werden durch eine doppelte Freigabe miteinander verbunden (eine für den Eingang von Daten, einen für den Ausgang von Daten).

Die einzelnen Blockchains können zudem in regionale Einzelstücke unterteilt werden, die sich in bestimmten Intervallen miteinander austauschen und synchronisieren. Einzelne Überweisungen benötigen damit mehr Zeit für ihre Ausführung. Gleichzeitig wird das Gesamtsystem jedoch für eine nahezu unbegrenzte Nutzerzahl und Datenmenge zugänglich. Diese geteilten Blockchains (sog. multi-part Blockchains) umfassen jeweils eine Vielzahl von Unsern und bieten damit ebenfalls die verteilte und sichere Speicherung von Daten.

c) Datenschutz und Freigabe-Mechanismus

Das SoBz System und die Online-Community DORIUM müssen gegen Manipulationen der Währung und der Entscheidungsprozesse geschützt werden. Bestehende Lösungen werden dabei auf den Schutz großer, verteilter Datenmengen und komplexe Entscheidungsprozesse angepaßt. Gleichzeitig wird ein abgestuftes Identifizierungsverfahren implementiert, das je nach Nutzung des Systems verschiedene Anforderungen an die Identifizierung des Nutzers stellt. Damit sollen die Vorteile der Transparenz einer Blockchain-Lösung mit dem möglichen Wunsch der Nutzer nach Anonymität vereinbart werden. Entsprechend dem KYC ("Know Your Customer") Gedanken, wird z.B. ab einer bestimmten Transaktionshöhe ein verifizierter Identitätsnachweis verlangt.

Fragen des Datenschutzes kommen insbesondere in den Fällen auf, in denen ein Nutzer anderen Nutzern erst den Zugang zur Blockchain ermöglicht (siehe oben). Dabei wird jedoch sichergestellt, dass ein Teil des Zugangs-Schlüssels stets bei dem Nutzer verbleibt, der die Blockchain für sich selbst nutzen möchte. Dies kann durch persönliche Merkmale (z.B. Fingerabdruck) oder auch gedruckte QR-Codes erfolgen, die beim Nutzer verbleiben.

Neue Verifizierungsmethoden und -ansätze ermöglichen neue Anreizsysteme für die Nutzer und damit eine größere Effizienz in der Datenverarbeitung.

Gleichzeitig können diese neuen Verifizierungsansätze genutzt werden, um komplexere Vorgänge innerhalb einer Community zu bewerten und zu honorieren. Dies kann für mehr Aktivität in der Community sorgen und - abhängig von den honorierten Tätigkeiten - für mehr positive Auswirkung außerhalb der Online-Community.

Als Verifizierungs-Mechanismus soll speziell für das vorliegende Konzept eine Kombination der Ansätze Proof-of-Work und Proof-of-Stake entwickelt werden, die insbesondere die meßbare sozial-ökonomische Bonität des verifizierenden Nutzers berücksichtigt und gegebenenfalls zusätzliche Nutzer für das Erreichen einer definierten Verläßlichkeit aufgrund der sozial-ökonomischen Bonität (siehe oben) zur Freigabe einbindet (sog. Proof-of-Reference-Ansatz). Damit wird jede Transaktion durch eine über die Bonität der freigebenden Nutzer gesicherte Freigabe bestätigt.

d) Skalierbare Smart Contracts

Die Blockchain von aeternity bietet die Möglichkeit der Einbindung von sehr umfangreichen Smart Contracts sowie deren Verbindung mit großen Mengen an Daten über sog. Oracle Anwendungen. Diese Programme selektieren relevante Daten aus unterschiedlichen Quellen und stellen diese einem bestimmten Smart Contract zur Verarbeitung zur Verfügung. Sie bilden eine frühe Form von sog. künstlicher Intelligenz (KI), die zukünftig die selektive Verarbeitung und Nutzung großer Datenmengen vereinfachen oder ermöglichen wird.

Die größte Herausforderung für bestehende Hilfsstrukturen ist die Messung und Beurteilung von seimpact. Die positive Auswirkung einer Maßnahme oder eines Investments läßt sich aktuell auf verschiedene Weisen messen. Dabei ist es entscheidend, ob man mehr auf die Auswirkung innerhalb der Zielgruppe abstellt oder die Logik der Wirkungsweise (sog. Logic Models) analysiert und bewertet. Beide Ansätze werden in der Praxis auch häufig kombiniert und durch viele Kriterien verfeinert (z.B. Modell des Social Return on Invest, SROI, Theory of Change, SRS und ISRS).

In Kombination mit diesen sehr vagen und ungenauen Methoden wird im DORIUM Eco-System der seimpact einer Maßnahme oder eines Projekts anhand von einfachen und klaren Befragungen der tatsächlich Betroffenen erfolgen. Durch die Abfrage von realen Veränderungen bei den Betroffenen kann eine genaue Einschätzung der erfolgten Veränderung und des Erfolges einer Maßnahme oder eines Projekts erreicht werden.

Kombiniert man die Methoden der Bewertung der Hilfs-Logik (Wirkungsweise), der Ergebnis-Messung und der Befragungen der Betroffenen entsteht ein Wert, der verläßlich den erreichten seimpact wiedergibt.

Die Blockchain Technologie ermöglicht die dezentrale Aufnahme, sichere Speicherung und Verarbeitung von Daten durch Smart Contracts. Die entstehenden, großen Datenmengen können wahlweise on-chain oder über Oracle Anwendungen gespeichert werden. Die Ergebnisse können unmittelbar den Projekten und Maßnahmen zugeordnet werden. Der erreichte seimpact steht dabei in Relation zu der Menge an SoBz, die für sein erreichen aufgewendet wurde. Alle dafür relevanten Daten sind in der Blockchain transparent verfügbar.

Das Ergebnis einer solchen Messung des seimpact wird aber in den wenigsten Fällen nur über einen Smart Contract zu ermitteln sein. Vielmehr wird ein kombiniertes Verfahren entwickelt, das jedes Ergebnis des Smart Contracts nochmals mit anderen Ergebnissen abgleicht und bei bestehenden Abweichungen die Verifizierung des Ergebnisses durch Nutzer nach der Proof-of-Reference-Methode (siehe oben) einholt. Auf diese Weise entstehen Smart Contracts, deren automatisierte Ergebnisse gegebenenfalls nochmals durch eine definierte Autorität überprüft wird (sog. Verified Smart Contracts). Diese neue Entwicklung wird Smart Contracts auch in anderen Bereichen und Anwendungen deutlich flexibler und sicherer nutzbar machen. Wie oben dargestellt, werden dabei auch die Inhalte der Smart Contract nicht alle auf der Blockchain gespeichert. Vielmehr greifen die Smart Contracts auf Oracle-Daten zu, die sie lediglich auf eine festgelegte Weise verarbeiten.

Erstmals besteht zudem eine Einheit (SoBz, jeweils definiert durch den seimpact eines Apfelbaumes), in der seimpact gemessen werden kann. Ohne den eingangs beschriebenen Paradigma-Wechsel kann die sozial-ökonomische Auswirkung eines Projekts oder einer Maßnahme in SoBz ausgedrückt werden. Die jeder Aktion und jedem Ergebnis zugeordnete Bewertung in SoBz wird sich dabei - vergleichbar der sog. Unsichtbaren Hand von Adam Smith - aus der demokratischen Zuordnung durch die Blockchain-Community und das Abgleichen mit der Referenzwerte-Datenbank ergeben. Nachdem der seimpact wie oben beschrieben gemessen wurde, wird sein Gegenwert in SoBz bestimmt (siehe Ziffer 2 b, Trinity-Methode) und dem Projekt zugeordnet.

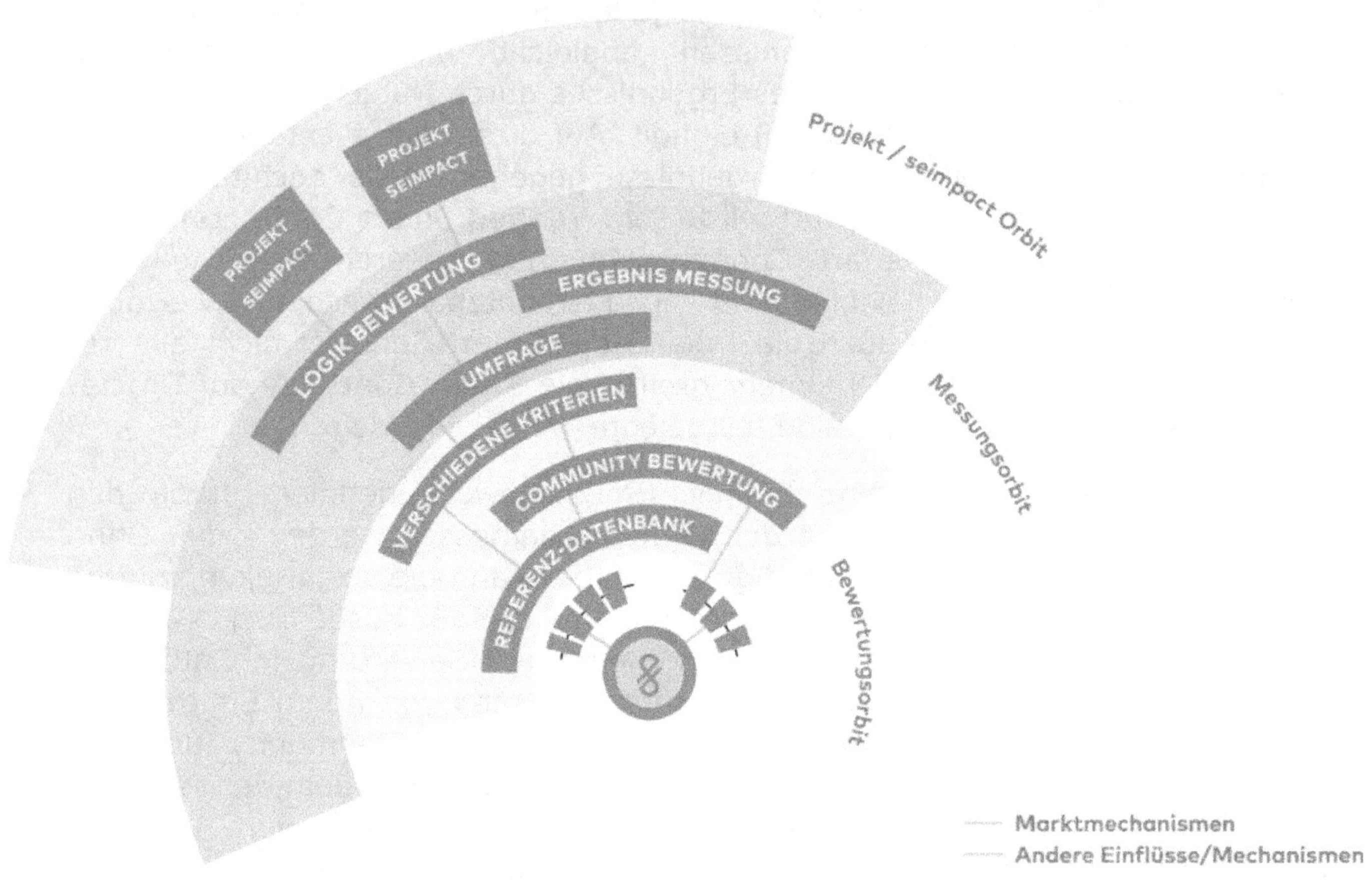

e) Community Funktionen

Mit der Umsetzung von Social Graphs auf einer Blockchain bietet DORIUM einen sehr effizienten Weg für Kooperationen, Know-How-Austausch, Feedback Vergabe, Bewertungen und den Austausch von Inhalten. Durch die

Verbindung verschiedener Social Media Formate entsteht ein Content-Hub, der die Verwaltung und das Teilen von Inhalten erheblich erleichtert.

Klassische Funktionen einer Online-Community werden in die DORIUM Community der DOR Stiftung eingebunden. Dabei werden zentral verwaltete Lösungen, die Blockchain-Technologie und Oracle-Anwendungen kombiniert. Auf der Blockchain laufen Entscheidungsprozesse, die Verwaltung der Nutzer-Daten, Zahlungen und die Bewertung von seimpact. Außerhalb der Blockchain werden Dateien gespeichert, Nachrichten ausgetauscht und Berichte verfasst.

DORIUM verbindet eine Community, Kontroll-Autoritäten, reale Unternehmen und Organisationen über eine Blockchain mit den Menschen.

In den vergangenen Jahren hat die Blockchain-Entwicklung bahnbrechende Lösungen hervorgebracht. In den nächsten Jahren wird es darum gehen, neue Denkansätze in neue Applikationen umzusetzen. Eine neue Technik erlaubt es nicht nur, bekannte Prozesse mit mehr Effizienz oder Sicherheit umzusetzen, sie erlaubt es auch, ganz neue Prozesse zu implementieren. Die Technik, die dabei genutzt wird, sollte effizient, skalierbar und in alle Richtungen sicher sein.

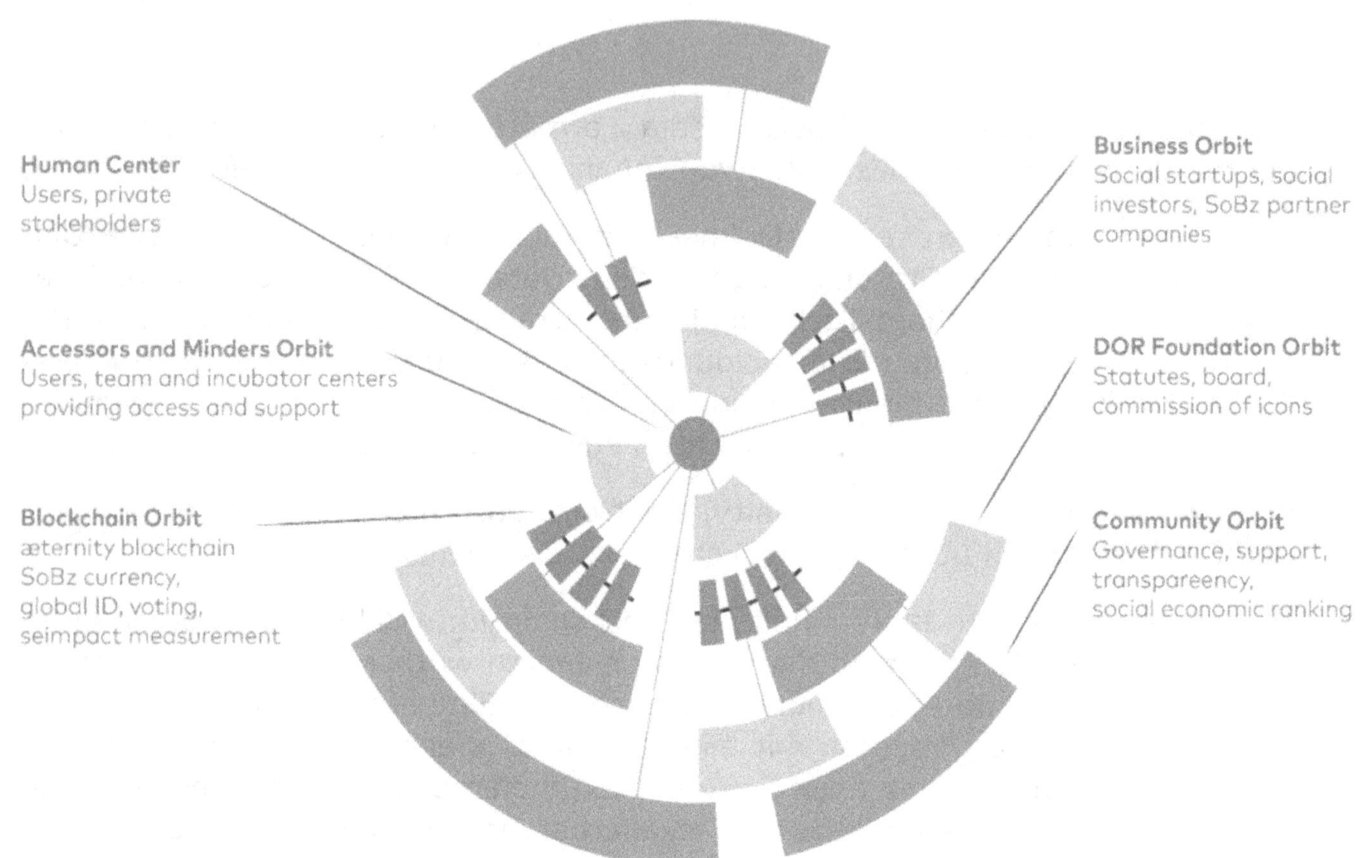

Die Ausgabe der ersten SoBz soll im Jahr 2018 erfolgen. Alle off-chain Voraussetzungen wurden geprüft und teilweise bereits umgesetzt. Aus technischer Sicht ist das System eine wesentliche Weiterentwicklung bestehender Ansätze und eine Chance, eine massive Verbreitung und Akzeptanz der Blockchain Technologie zu erreichen.

Bei einem durchschnittlichen Budget von 250,000 SoBz pro Projekt können in den ersten 5 Jahren mehr als 23,000 Projekte finanziert und unterstützt werden - bei gleichzeitiger Zahlung eines bedingungsfreien Grundeinkommens an 4,000,000 Menschen. Alle neuen Projekte werden organisiert und verwaltet von erfahrenen Organisationen und deren bereits bestehenden Strukturen. Diese können dafür die Zeit und Ressourcen einsetzen, die sie nicht mehr für die Akquisition neuen Kapitals einsetzen müssen. DORIUM bietet damit zusätzliche, finanzielle Mittel und die Unterstützung vieler User der DORIUM Online Community.

Für die Verwendung von SoBz wird eine Transaktionsgebühr erhoben, die teilweise den sie verifizierenden Teilnehmern zugute kommt (gezahlt in SoBz), teilweise die entstehenden, laufenden Kosten der DOR Cyber Solutions AG decken werden (gezahlt in SoBz). Über die Höhe der Transaktionsgebühren entscheidet der Stiftungsrat der DOR Stiftung, ab einer definierten Größe die Online-Community. Die Transaktionsgebühren werden jedoch deutlich geringer sein als bei vergleichbaren Währungen oder der klassischen Überweisung von Geld über das Bankensystem und damit die Akzeptanz der SoBz fördern.

DORIUM ist der Ausgangspunkt für ein neues, sozial-ökonomisches Wirtschaftssystem. Eine Community wird über die Verwendung einer neuen Währung entscheiden, die ausschließlich für die Honorierung und Finanzierung von seimpact eingesetzt wird. Mit der Akzeptanz der Währung wird ein erster Maßstab und ein zusätzlicher Anreiz für das Erreichen und Fördern von sozial-ökonomischer Wertschöpfung geschaffen. Das neue Wirtschaftssystem bietet den Rahmen für eine nachhaltige Sharing Economy. Demokratisch, sicher, transparent und nachhaltig.

Schlußbemerkung

Ziel des vorliegenden Konzeptes ist es nicht, Philanthropie zu kommerzialisieren, Menschlichkeit in Zahlen auszudrücken oder das bestehende Wirtschaftssystem abzuschaffen. Vielmehr ist das Konzept ein neues Denkmodell, das die Etablierung eines zusätzlichen, nachhaltigen sozial-ökonomischen Wirtschaftssystems ermöglichen soll. Inspiriert wurde es durch die Entwicklung und Verbreitung der Blockchain-Technologie sowie die Begegnung mit vielen engagierten Menschen. Auf eine demokratische Weise wird es durch die Community weiterentwickelt und angepaßt werden.

Hajir Tahassori
Vision

Andreas Kurt Lang
Konzept

Thomas Ferdinand Gehbauer
Herausgeber

Be a part of the discovery of the 7. continent.

Weitere Informationen

https://www.dorium.world

https://www.dor.ngo

https://www.facebook.com/TeamDorium

https://www.instagram.com/dorium_vision

https://www.einfachmehrlesen.de

www.ingramcontent.com/pod-product-compliance
Lightning Source LLC
Chambersburg PA
CBHW081534250726
48659CB00009B/2984